Arno Reinfrank
Im Garten der Verrückten

Vier Jahreszeiten durchstreift Reinfranks Lyrik: vom Frühlingsregen über den Erntesommer und die Herbstnebel bis zu den Winterfrösten. Gefühle und ihre Welten fängt er durch seine Bilder ein und entläßt sie über die Sprache.
Den menschlichen Irrungen aber räumt er eine fünfte Jahreszeit ein: Extrazeit für Verrückte. Mal zornig, mal spöttisch, mal satirisch und manchmal auch bitterernst
Was Arno Reinfrank an Lyrik auf den Tisch schüttet, hat Hand und Fuß. »Da ziehe ich mit blauem Karren«, schrieb er vor Jahren, »voll Zwiebeln, Kraut und Lyrik durch die Stadt.« Deftiges aus dem ambulanten, doch keineswegs ambivalenten Angebot seines Straßenhändlerlebens bietet er auch *Im Garten der Verrückten*.

Die Veröffentlichung des Buches wurde gefördert durch das Ministerium für Kultur, Jugend, Familie und Frauen Rheinland-Pfalz.

Arno Reinfrank, geboren 1934 in Mannheim. Schriftsteller, Publizist und Übersetzer. 1946 erste Gedichte, seit 1950 Lesungen und Veröffentlichungen. Ab 1951 Journalist in Paris und Synchrontexter in Berlin. Verließ aus Protest gegen die Restauration 1955 die Bundesrepublik und lebt seitdem als deutschsprachiger Autor in London. Mitgliedschaft im P.E.N. seit 1956. Zahlreiche Auszeichnungen, u.a. Kurt-Tucholsky-Buchpreis 1957. Sein Hauptwerk ist das auf zehn Bände angelegte Projekt *Poesie der Fakten* (seit 1973).

Arno Reinfrank

Im Garten der Verrückten

Gedichte aus fünf Jahreszeiten

Brandes & Apsel

Auf Wunsch informieren wir regelmäßig über das Verlagsprogramm:
Brandes & Apsel Verlag, Scheidswaldstr. 33, D–60385 Frankfurt a. M.
e-mail: brandes-apsel@t-online.de

Die Deutsche Bibliothek – CIP-Einheitsaufnahme:

Reinfrank, Arno :
Im Garten der Verrückten : Gedichte aus fünf Jahreszeiten /
Arno Reinfrank. – 1. Aufl. – Frankfurt a.M. : Brandes und Apsel, 1999
   (Literarisches Programm ; 69)
   ISBN 3-86099-469-7

literarisches programm 69

1. Auflage 1999
© Brandes & Apsel Verlag GmbH, Frankfurt a. M.
Das Werk einschließlich aller seiner Teile ist urheberrechtlich geschützt.
Jede Verwertung ohne Zustimmung ist unzulässig. Das gilt
insbesondere für Vervielfältigungen, Übersetzungen,
Mikroverfilmungen und die Einspeicherung und Verarbeitung in
elekronischen Systemen und im Internet.
Lektorat: Volkhard Brandes
DTP: Daniela Lange
Foto Umschlagvorderseite: Volkhard Brandes; Ausschnitt aus einem
Mural von Malangatana in Maputo (Mosambik)
Foto Umschlagrückseite: Manfred Rinderspacher
Druck und Verarbeitung: Difo-Druck OHG, Bamberg
Gedruckt auf säurefreiem, alterungsbeständigem und chlorfrei
gebleichtem Papier.

ISBN 3-86099-469-7

Inhalt

Frühlingsregen

Poésie méchanique   11
Stagnante   12
Religiöse Regung   13
Stadtaufnahme 3   14
Kreuzberg Blues   15
Abendstunde   16
Verschiedenes Blühen   17
Gänse am Himmel   18
Steckbrief   19
Auf der Wiese   20

Erntesommer

Die Sommergeige   23
Stadtflucht   24
Geschlossener Kreis   25
Retortenfleisch   26
Widerstand des Leders   27
Nocturno 2   28
Bettlerfest   29
Sozialabbau   30
Wald-Wander-Weg   31
Froschkönig   32
Prinzip Feuersalamander   33
Spanische Reitschule   34
Hot Metal   35
Gartenecke   36

Tibetanisches Kloster 37
Klassische Harmonie 38
Elsterntreffen 40

Herbstnebel

Regen von oben 43
Verlassenes Gehöft 44
Der stille Angler 45
Mysterium 46
Letzter Bus 47
Kranzschleife 48
Altweibersommer 49
Schönes Herbstwetter 50
Vogelscheuchen 51
Böcke auf der Weide 52
Einsamer Pfad 53
Erfahrung mit Hut 54
Stadtaufnahme 4 55
Stadtaufnahme 5 56
Kastanienkette 57
Pflüger im Feld 58

Winterfröste

Der weiße Pfau 61
Ballade von der Freundlichkeit 62
Modernes Antiquariat 64
Dunkle Einfärbung 65
Standrecht 66
Holländischer Blumenmarkt 67
X-mas Blues 68
Taiga-Lied 70

Hasensprung   71
Letzte Ankunft   72
Verzweifelter Ruf   73
Wintermorgen   74

Extrazeit für Verrückte

Happening New York   77
Konzern-Report   78
Flug-Korrektur   79
Russischer Angriff   80
Öffentliche Trauer   81
Modern Life   82
Roter Pudding   84
Irrtümliche Bestattung   86
Verzinsbare Anleihe   88
Wertschätzung Gottes   89
Erfolgreicher Doppeladler   90
Schweigen im Langhaus   92
Kraftprobe   94
Kausalität   95

Frühlingsregen

POÉSIE MÉCHANIQUE

Gedichte müssen Teil an Teil
verzahnt sein ineinander wie Maschinen,
in denen die Einsicht vorwärtsspult,
während das Unsagbare in den Achsen
vibriert – und plötzlich rutscht vom Tisch
des Einfalls unerwartetes Ergebnis.

Denn fehlt die Golduhrfederspannung,
die eingezogene durchs Schlüsseldrehn,
verliert der Apparat das Ziel.
Im Kugellagerring rollen die Augen
silbern und feucht bis zum Zerplatzen –
es ist Zerfall, was Licht freisetzt.

STAGNANTE

Ich wünsche mir
 ein Messerchen
  für ritzelsrote Schnitte
   den feisten Geistern auf die Stirn –
    es bleibt bei meiner Bitte.

   Es bleibt
   bei meinem Bittgebet,
  weil gar nichts, gar nichts
 vorwärts geht.
Was könnte da mein Messerchen

  schon großartig verbesserchen?

RELIGIÖSE REGUNG

Wer segnet mich?
Mich segnet der Kirschbaum.
Wie segnet er mich?
Mit seinen Blüten.

Wieviel Blüten hat der Kirschbaum?
Soviel wie die Wolke Tropfen.
Wieviel Tropfen hat die Wolke?
Das weiß das perlende Weiß.

Wo steht der Kirschbaum?
Er steht über mir und duftet.
Wohin blicke ich?
Ich blicke in seine Krone.

Was krönt der Kirschbaum?
Er krönt meinen Tag.
Wohin geht mein Tag?
Er geht und vergeht gesegnet.

STADTAUFNAHME 3

Halbwach war ich:
Ich glaubte einen Hahn
vom Hühnerhof zu hören,
mit dessen lautem, stolzem Krähen
uns allen eine bessere Zeit
verkündet würde.

Es war das Spieluhrläuten
des Eisverkäuferautos,
das Kindern aus der Hand
Geldmünzen lockt
für Buntes aus Zylinderpumpen.

Und kein Hahn kräht danach.

KREUZBERG BLUES

Laß eine weiße Wolke noch vorüberrollen
vorm Frühlingshimmel zart und blau,
bevor wir Abschied nehmen wollen –
die nächste Wolke ist schon grau.

Die Dächer fallen unter ihren Schatten,
und jeder Ziegel deckt ein Stückchen Dunkelheit.
Die guten Zeiten, die wir miteinander hatten,
sind unerreichbar weit.

Ich treibe meiner letzten Liegestätte zu,
es wird ein atemloses, starres Liegen sein.
Der Himmel schenkte mir dein zartes Du.
Der Tod ist wahr. Der Rest war Schein.

ABENDSTUNDE

Gedeckt von Wolken breitet sich
das Dunkel über alle Gartenecken.
Erstes Laternengelbsignal
versickert in Stechpalmenhecken.

Weit oben zerrt der Horizont
brutal den Tag vom Platz.
Aus Fenstern springt das Fernsehlicht
von schwach auf grell – ein Panthersatz.

Der Herr der Nacht zerdonnert roh
in Leder, Helm und Eisenschuh
auf einem Schwermotorrad-Sattel
das Lied von Tau und Abendruh.

Man darf um diese Uhrzeit nicht
von Schilf und Froschchorälen träumen –
zu leicht kann man im Radio
die neueste Blutsnachricht versäumen...

VERSCHIEDENES BLÜHEN

Der Zwetschgenbaum blüht weiß
und hat blaue Früchte.
Die Roßkastanie blüht rosa
und trägt braune Früchte.
Der Nachtschatten blüht gelb
und hat giftige Beeren.
Die Demokratie blüht zart,
    und immer bedroht
        Gefahr ihre Früchte.

GÄNSE AM HIMMEL

Dem Frühling keck
die Baskenmütze
schräg überm Ohr.
Das steht ihm gut.
Der Vogelscheuche stößt er
mit der Rutenspitze
vom Kopf aus Stroh
den wintermürben Hut.

Er patscht
durch eine Feldwegpfütze,
auf der gelb Staub
von Weidenkätzchen schwimmt.
Die dicken Socken
sind ihm nichts mehr nütze,
wo sich die Sonne
soviel Freiheit nimmt.

Die Jacke hängt er
übergroß und lose
den Schultern um
und pfeift dem Star ein Lied.
Vom Süden fliegen
wilde Gänse heimwärts.
Es ist Erlösung,
die mit ihnen zieht.

STECKBRIEF

Der Löwe liegt
vor deinem Fuß.
Der Tiger schnurrt
dir seinen Gruß.

Die Schlange tanzt
vor deinem Blick.
Der Skorpion zieht
den Stich zurück.

Die Peitsche pfeift
im Tangotakt.
Der Teufel steht
mit dir im Pakt.

Du bist ein Teil
Weltmelodie.
Wer dich nicht liebt,
der liebte nie.

AUF DER WIESE

Drei Gänse, drei Gänse,
die rupfen friedlich Gras.
Im schmuckweißen Kostümchen
zupfen sie an Gänseblümchen
und anderem Wiesenfraß.

Eine Muttersau, eine Muttersau,
die trottet fett daher.
Am Bauch wackeln die Zitzen,
sie stinkt vor lauter Schwitzen
am Schinken zentnerschwer.

Sie mag kein Weiß, sie mag kein Weiß,
als Sau liebt sie den Dreck.
Hier hat Federvolk nichts verloren –
sie grunzt und schmeißt die Ohren:
Die Gänse sollen weg.

Die Gänse, die Gänse,
die weichen keinen Schritt.
Den Hals strecken sie schlangenlang
und zischen einen Wehrgesang –
so stehen sie zu dritt.

Die Muttersau, die Muttersau,
eine schwere Abfuhr kriegt.
Man hört zum Flügelflattern
die Gänse lange schnattern:
Zusammenhalt hat gesiegt!

Gesiegt! Gesiegt! Gesiegt!

Erntesommer

DIE SOMMERGEIGE

Ich möchte euch etwas zeigen,
was nur ein Dichter sieht:
Aus den Grannen dreht man die Saiten,
auf dem Strohhalm geigt man das Lied.

Die Weizenwinde rauschen
durch's Feld den Kontrabaß.
Gern würd' ich mein Leben vertauschen
gegen ich weiß nicht was.

STADTFLUCHT

Die Stadt, die elende, zerbricht
die Krusten über meinen Schultern,
mein Gürtel löst sich auf zur Kordel,
geknüpft aus Schafswolle entlang des Wegs.

Den blanken Fuß setz ich ins Gras.
Ameisen ruf ich zum Alarm.
Hoch überm Tal schwingt Taubenflug
der Abendsonne spitze Grüße zu.

Mit Fleiß waschen die Mücken sich den Leib
auf morschem Baumstumpf, meinem Sitz,
und angefressen raschelt Pappellaub.
Hinter den Hecken blökt im Grün

uralter Ruf nach einem Hirten.

GESCHLOSSENER KREIS

Als Gott die ihm geschenkten Süßigkeiten
genüßlich kaute und hinunterschluckte,
da fiel sein Blick in die Pralinenschachtel
vor ihm voll Glanzpapier.

Von jeder Schokoladenkugel fand
als Faltenrock er einen braunen Kelch.
Verpackung auf den Müll zu werfen,
hielt Gott für tugendlos verschwenderisch.

So machte er aus dem Papier die Schmetterlinge,
die dunkelbraunen, mit Crèmetropfen
in rot und gelb auf ihren Flügeln,
mit denen sie um süße Blüten flattern.

Und Gott war froh, dem Nutzlosen
als Zweck das Leben neu geschenkt zu haben.
Die braunen Falter sonnen sich auf Halden.
Mit ihrem Bild lassen Pralinenfabrikanten

die Wegwerfpackungen bedrucken.

RETORTENFLEISCH

Im Tierpark sind sie anzusehen –
zwei Bullenkälber
mit feuchtem Maul und zwillingsgleich.
Es riecht nach Rinderstall
und Bauernhof.

Die Eltern beider Jungtiere
waren zum Zeugungszeitpunkt tot.
Die Bullenspermien
hielt man tiefgefroren,
der Schlachthof lieferte die Eizellen.

Nach der Laborbefruchtung
wuchsen im Brutschrank warm die Keime,
um dann im Leib der Leihmutter
bis zur Geburt zu reifen.
Die Biologen sind entzückt.

Bildschirmbeobachtet
und im Expressverfahren
will man Retortenkälbchen züchten.
Über den Fleischpreis sind bislang
trotz ausführlicher Hochrechnungen

die Aussagen recht unterschiedlich.

WIDERSTAND DES LEDERS

Bis heute ist es nicht gelungen,
aus Abfalleder,
jenen Stückchen, Eckchen also,
die wegfallen beim Sohlenschneiden,
ein brauchbares Produkt zu machen.

Man dachte an das Herstellen
von einem Brei, der flachgestrichen
zu Platten sich verfestigt,
daraus die Stanzmaschine
dann neues Oberleder formt.

Etwas aus den gegerbten Häuten
verweigert den Zusammenschluß.
In den Labors herrscht Kopfschütteln.
Wie kann so einfach Auszudenkendes
an einer Praxis scheitern –

die der Beherrschung sich entzieht?

NOCTURNO 2

Die Nacht, in derem rohen Rachen
die Flugasche des Bösen steckt,
wälzt sich daher auf schweren Gummischwaden.
Das Dumpfe dieses Tritts erschreckt.

Ihr Gas vergärt. Die Gifte schwitzen.
Laternen bringen Motten Selbstmord bei.
Vernunftlos leuchten ein paar Sterne
in Betten voll mit Alptraumschrei.

Die Katzengeilheit keift durch Gärten,
wo Stein an Stein der Moder reift.
Zerbrechen da nicht Fenstergläser?
Das Klirren stört. Der Schmieresteher pfeift.

Die späten Polizei- und Ambulanzsirenen
heulen wie Wetterleuchten. Pestgeruch
von Fischabfall und Greisenpisse
plätschert aus einem Leitungsbruch.

Dort unten am Kanal im Finstern
zählen sie jetzt und teilen den Ertrag.
Die Geldkassetten klatschen leer ins Wasser.
Ein Hund schlägt an. Fern schläft der Tag.

BETTLERFEST

Von vergangenen Festen die Reste
aufzuzählen, fällt uns leicht:
ein Sperrmüllsitz, eine zerlumpte Weste,
ein Hut, von der Sonne gebleicht.

Hähnchenknochen (keine von Wachteln!)
aus der Imbißbude am Eck.
Abgebrannte Streichhölzer, die Schachteln
zertreten, zertrampelt im Dreck.

Im Transistor die Rockmelodien
knallten hart, dann war es still.
Die ausgebrannten Batterien
bringe zum Sammelcontainer, wer will.

Dazu ein Bierdosen-Dutzend,
und Papier voll Ketchup und Fett
aus verbeulten Pfannen, Windwirbel nutzend,
tanzt ein verworrenes Luftballett.

Wir zogen still weiter, wir viere,
suchten Quartier mit schlurfendem Gang,
im Sack Handtuch und Ausweispapiere
zum Staatsalmosen-Empfang.

SOZIALABBAU

Immer öfter gehe ich
in zerrissener Jacke
und abgelatschten Schuhen.

Immer öfter schlafe ich
in Parks auf Bänken
und in Toilettenkabinen.

Immer öfter frühstücke ich
Brotkrusten aus der Tüte
zu drei Kannen Bier.

Immer öfter frage ich:
Soll ich den ganzen Tag
ein und dasselbe trinken –

euren Wohlfahrtskaffee?

WALD-WANDER-WEG

Am Spazierpfad stehen Steine,
umgeben von Kräutern und Klee.
Rot überkriechen die Schnecken
ein gemeißeltes W W W.

Ist's als Wald-Wander-Weg zu lesen,
damit sich kein Wanderer verirre?
Von Ordnungszahlen daneben
wird das Rätsel nicht entwirrt.

Gilt World Wide Web gar als Richtung?
Denn wild geht es zu in der Welt.
Im Forst elektronischer Wälder
wird gehegt, gesägt und gefällt.

FROSCHKÖNIG

Wir lieben Frösche.
Den Goldfrosch aus Jamaika sieht
man nur noch im Archiv.

Aus seinesgleichen wurde einst
der an die Wand geschmiss'ne Königssohn,
ein Abbild unsrer Liebe.

Wer küßte gerne einen Frosch,
dem Schadstoffe die Königshaut
und auch den Laich verknorpeln?

Er lebte vom Insektenjagen.
Die Industrie erzeugt Insektizide.
Wir leben von der Industrie.

PRINZIP FEUERSALAMANDER

Um sich den Feind
in Not vom Leib zu halten,
trennt sich der Feuersalamander
vom Ende seiner Wirbelsäule.

Ein gutes Weilchen zuckt
der abgeworfne Schwanz im Sand.
Besser davonrennen
als aufgefressen werden.

Den anderen Eidechsen zum Unterschied
kehrt der Verstümmelte zurück.
Es gilt ihm viel, vor Ort
die Schwere des Verlustes einzuschätzen.

Findet sich das Verlorene wieder,
hebt er die Zwangsenteignung auf,
indem er selbst den Schwanz verschlingt.
Denn was uns Gott zu eigen gab –

wird von uns einverleibt.

SPANISCHE REITSCHULE

Dem Urpferdchen, feldhasengroß,
ist zugefallen, mit fünf Zehen
an jedem Fuß zur Welt zu kommen.

Eohippe! so sprach der Schöpfer
zu ihm an einem Sommertag,
kratz mir den Rücken!

Das Scharren war
wie Gottes Haut so hart,
daß vier der Zehen brachen.

Sich schuldig fühlend,
stahl sich der Pferdezwerg davon,
und leise trat er auf.

Er schlich davon auf Zehenspitzen,
den mittleren, auf denen wuchs
seither aus Horn der Huf.

Es wuchs dazu
dem Tier die edle Größe –
seht euch die Lipizzaner an.

Seht nur im Wiener Reitschulsaal
die Hengste im Ballettschritt tanzen.
Sie drehen sogar Pirouetten

auf nichts als einem Zeh.

HOT METAL

Als Gott nach langem Suchen endlich
den Schlüsselbund gefunden hatte,
da band er sich die Eisenstäbe fest
an seinen Gürtel gegen die Vergeßlichkeit.

Wo er erschien, erscholl voraus
das Warnungsklirren des Metalls,
und Star und Drossel horchten auf,
die aus dem Rasen Würmer bohrten.

Der beiden Vögel Spottkunst war
Gott wohl bekannt. Er fand sie unbedeutend.
Das Bündel rasselte an seiner Leibesmitte,
das mochte amüsieren, wen es wolle.

Seither sind Star und Drossel weltberühmt
für Popsongs, darin Eisen klappert.
Rotkehlchen singen mit im Laub.
Unter den Schlüsseln wählten sie

den einen, der aus Silber war.

GARTENECKE

Als der Bambus verblühte,
war es Zeit für sein Sterben,
die Blätter vergilbten,
aus den Rispen fiel Staub.
Doch etwas blieb,
etwas trieb aus den Kerben
der bastfahlen Stengel –
trieb Speerspitzenlaub.

Wie federnde Lanzen
rascheln grünend die Ruten
im dünnen Blechton der Zeit.
Verborgen in Regen
und sengenden Gluten
führt uns etwas vorwärts
zum bezweifelten Guten –
halb tot, halb zum Leben bereit.

TIBETANISCHES KLOSTER

Da man das Lamakloster fand,
war es zerfallen. Nur ein Saksaulstrauch
bot den Kamelen hartes Blattwerk
zum Abreißen von Brennholzknorren.

Nah solcher Wüstung rieselt Wasser
durch Sandsenken. Man findet auch
Saurierskelette aus der Kreidezeit
hundert Millionen Jahre grau erhalten.

Neben den Mauerresten lagen
im Sand Achatbröckchen, bald weiß,
bald gelb, bald von Orangenfarbe.
Sie lagen da wie quarzgewordene Gebete.

Seltsame Menschen sind die Klosterbrüder.
Sie bauen ihre Tempel nur zu gern
am Rand der Wüste und des Diesseits.
Sie suchen nach dem Außerirdischen –

und dann verliert sich jede Spur.

KLASSISCHE HARMONIE

Als August,
Sohn von Johann Wolfgang Goethe,
in Rom ganz unerwartet stirbt,
findet die Witwe sich
im Testament entrechtet.
(Der alte Goethe lebt
bis 1832.)

Mit Eigenlob
beschriftet er den Stein
auf Augusts Grab am Tiber.
Die Enkelsöhne müssen
Großvaters wegen
Walther Wolfgang
und Wolfgang Maximilian heißen.

Die junge Adlige
geht fort aus Weimar,
nimmt einen Engländer
(Charles Sterling) in ihr Bett
und hat die Schwangerschaft
vor Hof und Klatschsucht
zu verbergen.

In Wien
nennt sie das Kind
Anna Sibylla –
es lebt nur ein paar Monate.
Die ältere Tochter,
Goethes Enkelin,
erliegt dem Typhus.

Die Zeit, liest man,
war reif für Harmonie,
gefolgt vom Wiener Volksaufstand,
dem Preußenkrieg mit Österreich
und Goethes goldgeschnittner
Werkausgabe.
Ja, voller Harmonie

war jene Zeit.

ELSTERNTREFFEN

Elstern haben Familiensinn.
Die Kinder aus gleichem Gelege
kehren erwachsen wieder
zurück zum elterlichen Nest.

Baumhoch in ihrer Reisigwiege
räkeln sie sich geschwisterlich.
Schwarzweiß und stahlblau glänzt
das Sonnenlicht auf dem Gefieder.

Man kann sie deutlich schwatzen hören.
Die Unterhaltung geht tschack-tschack
und rührt an das Alltägliche
wie Krähen oder Katzen.

Schulter an Schulter beieinander
von Mißgunst frei und Argwohn, Haß,
genießen sie als reines Glück
nichts als sich nah und gut zu sein.

Herbstnebel

REGEN VON OBEN

Des Himmels Regenwasser näßt
den Bösen
und den Frommen.
Den Bösen weniger,
denn er
hat sich des Frommen
Schirm genommen...

VERLASSENES GEHÖFT

Das Dach voller Löcher,
die Fenster zerbrochen,
im Hof nichts als Trümmer,
durch die kommt gekrochen
als letzte Verbliebene,
rotbraun eine Henne,
die teilt mit zwei Mäusen
den Spelz auf der Tenne.

Sie scharrt im Verlassenen
mit pflichtstarren Blicken
und sucht aus Vergangenem
dünne Körner zu picken,
denn, sagt sie, ein jedes
braucht einen Verwalter,
da nimmt sie dies auf sich
trotz Siechtum und Alter.

DER STILLE ANGLER

Vorm Seegrund lebt das Wunderbare,
das dunkle Bläschen steigen läßt
wie Kichern, welches, Gott bewahre,
uns innerlich erschauern läßt.

Zwischen den Wasserrosen schwimmen
Ente und Erpel und ein Wolkenbild.
Dem Ufer sticht das Schilf den Rahmen,
den mehr als Wellenglitzern füllt.

Der Angler mit der dünnen Gerte weiß es:
Wenn die Libelle plötzlich stehen bleibt
mitten im Schuß des Flugs, beweist es,
daß die Natur in Kreisen schreibt.

Vor ihm verliert sich einer immer größer,
zu dessen Mitte er den Feuerhaken wirft.
Zieht er den Fang, ist er wie jemand,
der tief im See nach Funken schürft.

MYSTERIUM

Solange es in weißen Rosen wohnt,
ist es geborgen, ein geheimnisvolles
ein pulsierend Warmes, dessen tolles
Koboldspiel das Entzücktsein lohnt.

Löst es sich welkend ab vom Stengelgrün,
gibt es kein Halt noch Halten mehr.
Die Nebeltrauer legt sich herbstlich schwer
auf alles, was gesichert schien.

Dann fasert braun es zum Zerfall,
in dessen Wirklichwerden liegt beschieden:
Im Dornenwald dunkelt das Leid.

Dem Sterben blüht die Rose der Unendlichkeit.
Wem sich zur Wahl Unendlichkeiten bieten,
dem leuchten Fixsterne im All.

LETZTER BUS

Falkensee im Regen –
des Abends Katze entspringt
unterm Gartenbusch ins Trockene –
keine Nachtigall singt.

In den Pfützen endet vom Himmel
Gefallenes flimmert und blank.
Zerbrochene Fenster entlassen
faulen Latrinengestank.

Ein Schwirrfalter steigt steil nach oben,
von keinem Tropfen berührt.
Wie schafft er nur dieses Wunder,
dem Laternenapplaus gebührt?

Fern sausen durch's Wasser die Autos.
Die Nacht hat mit Schwarz nicht gespart.
Wird bald der Omnibus kommen?
Für heut' seine letzte Fahrt.

KRANZSCHLEIFE

Herbst wallt schwer,
Bäume bräunen.
Vögel picken blaue Beeren
auf den Gartenzäunen.

Glocken läuten,
Züge pfeifen.
O, wie schwer,
Gott zu begreifen.

Gärtner graben
Löcher jenen,
die kein Leid mehr haben,
sich gerettet wähnen.

ALTWEIBERSOMMER

Mich stimmt nichts trauriger
                als graue Himbeerhecken,
von Spinnenfleiß mit Fäden
                übernetzt,
das greise Laub auf invaliden
                Strecken,
auf die kein Vogel mehr die Kralle setzt.

Findet man blattbedeckt noch
                eine Beere,
ist ihre Röte blaß und angeschimmelt
                schon
und glimmt verdorben durch
                das Leere –
des Abschieds blasser Lampion.

Pflückt gar die Hand die Frucht,
                betroffen
von ihrem Gehenlassen schnell
                und leicht,
ist es zu spät, auf Süße
                noch zu hoffen:
So schmeckt nur Moos, in Moder aufgeweicht.

Am Faden liegt die Spinne
                auf der Lauer,
vergangne Zeit am Sommerhaar
                herbeizuzieh'n,
was nicht gelingt. Hoffnung verdorrt
                zur Trauer.
Dem Unbestand des Bleibenden kann nichts entflieh'n.

SCHÖNES HERBSTWETTER

Noch fällt die Sonnenwärme
auf Felder, Rebenhänge,
noch ist für Schwalbenschwärme
nicht Zeit, südwärts zu drängen.

Es poltert unvergoren
noch Traubensaft in Fässern.
Wegrands liegt Stroh verloren.
Es gilt, Gärten zu wässern.

Selten sind Herbstzeittage
so mild und goldverwoben,
als sei die Frösteplage
aufs Nimmermehr verschoben.

Als wär'n da Himmelszeichen
von einem Strand im Süden,
nur Schwalben zu erreichen
im Flug frei von Ermüden.

VOGELSCHEUCHEN

Halb Schreck, halb Schutzgebärde
für Kirschbaum und Erdbeerbeet,
bewachen sie den Erntebesitz,
um den sich alles dreht.

Da baumeln an ihnen dämonisch
Blechdeckel wie Orden im Wind.
Es könnten vermoderte Söldner sein,
so harmlos wie sie sind.

Einbeinige Parodien
der menschlichen Habsucht und Gier:
Wir sollen mit Vögeln was teilen?
Was hier wächst, gehört mir!

Bei Gießkannen, Wasserpumpen
sieht man sie in Gärten stehn,
ein paar strohausgestopfte Lumpen,
die sich nach dem Winde drehn.

BÖCKE AUF DER WEIDE

Die Hammelbrunft ist schon vorüber.
Am Ende eines Herdenzugs
besinnen sich zwei Widder.

In ihren Hirnen gärt Erinnerung
an weiblich-wollene Hinterteile,
die zu bespringen Kampf verlangt.

Sie stehen Stirn an Stirn
und drücken ihre Leiber hin und her –
ein Vormachtsritual.

Ein Jungschaf trottet einfältig hinzu
und blökt die Böcke an.
Die nehmen dies als Schiedsgericht.

Sie lassen voneinander ab.
Die Richterin schüttelt den Kopf
über der Männer Unvernunft:

Können die nie was anderes denken?

EINSAMER PFAD

Ach, den Blick in die Täler,
ausgeschürft von Eiszeitgletschern,
darüber den roten Sonnenjuwel,
den der Steinzeitler schon sah –
Pflanzen zu finden mit genoppter Haut,
von Stacheln besetzt, ausgestorbenes Getier,
jedem Schritt
den Pfad suchend, bezweifelnd den Weg,
und alles Wissen hinter sich
und im Gesicht nur den Wind,
den düsteren, gesättigt vom Meer.

Geht fort mir, ihr Geister,
streicht mit der Eule
zum Wald, zu den Wirren
vermoderter Dachsfelle, bröckelnder Schädel,
von Füchsen benagt, Aasstück
des seligmachenden Vergessens,
aus dessen Phosphor Flämmchen steigen,
die den Wanderer mit Irrlicht narren,
das Lachen des späten Spechtes
ist Wegzehr genug, den Chronisten
durch Nesseln zu geleiten und Dornen

zum letzten Lager, taudurchnäßt.

ERFAHRUNG MIT HUT

Zu Beginn des zwanzigsten Jahrhunderts
kam einer, der nachts gern mit Geistern sprach,
auf den Gedanken, mit konvexen Spiegeln
und Riesenbatterien Lichtsignale
zum Mars zu senden.

Würden da draußen außerirdische Bewohner
so auf die Erde aufmerksam gemacht, schon bald
erreichte uns von ihnen Nachricht
von Marskanälen, Gnomen, goldnen Gärten.
Für diesen Plan sammelte der Mann Geld mit dem Hut.

Kaum sechzig Jahre später schossen
erfolgreiche Raketen Kameras hinaus zum Mars,
durch deren Augen Bild an Bild zu sehen war
nichts anderes als öde Flächen und Geröll.
Nun war die Phantasie am Ende –

ernüchtert staunte da der Steuerzahler.

STADTAUFNAHME 4

O heiliges Harnen
in allen Winkeln
um den Hauptbahnhof Mainz.

Vor den Schmuddelkabinen
verlangt die Einlaßmaschine
eine halbe Mark in den Schlitz.

Mechanismus für Vandalen.
Nachts sperren Gitter
Menschenbedürfnisse aus.

O Mainzer Pisser und Schwestern,
wer sagte NON OLET?
Die Sonne erwärme

ins Eck euch den Strahl.

STADTAUFNAHME 5

Geräuschvoll
wird der Markt
neu gepflastert.

Was wird man
zum Kauf anbieten
auf dem neuen Pflaster?

Glühweinbuden
wird es geben
und Drechslerware.

Wird es zum Kauf
auch die Wahrheit geben
auf dem Markt?

Die Pflastersteine
können es nicht sagen,
und die Pflasterer

sprechen schlecht deutsch.

KASTANIENKETTE

Ich habe heut' mit dem Politeur
der Roßkastanie gesprochen.
Er hat sie mit behandschuhter Hand
aus der stachligen Kapsel gebrochen.

Sie glänzte rotbraun wie der Augenball
eines Jagdtiers vorm Verenden
unterm Dolch des Herbsts, das flehend sucht
den Trost von Kinderhänden.

Sie hoben sorglos die Kugel auf
und durchstachen sie mit Fäden,
von denen unzählige silbrig im Wind
des Oktobernachmittages wehten.

Als Teil der Kette hängt sie bald,
vergessenes Spielzeug, im Zimmer,
und erst mit den Runzeln erlischt auf ihr
des Sommers glühender Schimmer.

PFLÜGER IM FELD

Die dunkelblau durchnäßten Wattefetzen
der Regenwolken ziehen kühl und schwer
vom Wind bedrängt über das leere Erntefeld,
wo Pflugschare ins Stoppelgelb die Zähne setzen.
Die Bodenkrume gibt ein Ackerduften her.

Erdnah – im Himmel liegt Gewähr nicht mehr –
schlagen die Krähenschwingen dunkle Reihen
entlang der sorgensatten Furchen dieser Welt,
aus der uns Notnachrichten täglich neu entsetzen;
wer möchte Hungernden noch Korngeld leihen?

Herbst hockt in Baumkronen. Die Elstern schwätzen.
Und wieder wird im nächsten Jahr Saatgut gedeihen.
Der Traktor weiß es radhoch, tonnenschwer
bespannt mit Pflug und Egge, wie man Brot erhält.
Vom Winter kommt die Zeit zum Erntemesserwetzen –

was morgen reift, wird jetzt bestellt.

Winterfröste

DER WEISSE PFAU

Nachts kam der Frost.
Die Bäume schliefen.
Als sie erwachten,
waren alle Blätter klamm.
Auf Bergkämmen, in Tälertiefen
lag Pulverreif
auf Stein und Stamm.

Mit scharfem Krallenfuß
schritt durch den Hof
ein seltsam weißgekalkter Pfau.
Sein Rad stand steif,
sein Federnrasseln
befahl das Eis herbei
vom Himmelsgrau.

Die Krone spitz
über dem barschen Herrscherblick
erzeugte Furcht im Gras.
Frierend kristallverhüllt
zittert es hoch.
O Notgeschick –
wie kalt der Pfauenschrei

des Winters schrillt.

BALLADE VON DER FREUNDLICHKEIT

Der alte Mann, Vorsteher seines Stammes
im Tundrenland von Ostsibirien,
empfing die Fremden freundlich lächelnd.
Ein Hubschrauber hatte sie hergebracht.
Sie wollten mit ihm reden.

Zwölf Söhne! Alle leben, sagte er im Zelt.
Das Foto war vom Herdrauch angebräunt.
Und neunundzwanzig Enkelkinder!
Den Mann ehrte die Achtung vor dem Leben.
Die Frauen trugen Essen auf.

Pilzsuppe gab es, danach Rentierfleisch.
Die Töchter und die Mutter gingen in die Hocke
den Essern fern und sahen keinen an.
Den permanent gefrorenen Boden deckten
Felle von Bär und Wolf und Moschusochsen.

Die Fremden waren voller Liebenswürdigkeit,
wie es der Firmenpsychologe angeraten hatte.
Die Ölgesellschaft Amco aus Amerika
habe von Moskau Schürfrechte erworben.
Sie kämen, um ihm Glück zu wünschen.

Maschinen werden neues Leben bringen
der stillen Taiga, sagten sie.
Für Tierverluste zahle man Entschädigung.
Alles werde Alaska angeglichen.
Der Amco-Shop stehe dann jedem offen.

Sie lachten, und er lachte, als sie Wodka sagten.
Die erste Pulle zogen sie hervor.

Amco sei umweltfreundlich eingestellt.
Fünf Holzbecher reckten sie hoch,
schwarz-rot lackiert nach Sibiriakenart.

Arktisquartiere kämen bald und Techniker.
Statt hinter Rentierherden herzutrotten,
erhielten die Familien Schweinefleischkonserven.
Die Töchter und die Mutter hockten stumm
und sahen keinen von den Fremden an.

Der Gastgeber hörte gut zu.
Kein Grämmchen Feindschaft, reine Freundlichkeit.
Zum Abschied schenkte man ihm wieder Wodka ein,
und er gab jedem eine Knochenschnitzerei.
Der Hubschrauber stieg auf, es winkten alle.

Der Gruppenleiter war erleichtert.
Mit diesem Alten gibt's keinen Konflikt.
Nichts Feindliches, nur Freundlichkeit.
Wie hätten wir geahnt, daß Amco so leicht siegt!
Am nächsten Morgen fand der Sohn den Vater –

er hatte sich im Zelt erhängt.

MODERNES ANTIQUARIAT

Im Schaufenster
des Trödlerladens lag
ein Eichenknüppel
armeslang,
die Griffrillen
korrekt gedrechselt
und die Gelenkschlinge
aus dunklem Leder.

Unter dem Mikroskop
entdeckte ich
forensisch nachweisbar
zwei Blutflecken
mit angeklebten
Frauenhaarfragmenten
und Dellenspur
von harten Schlägen.

Dort, wo die Hand
den Prügel hielt,
war er ganz glatt
vom Schweiß poliert
der Angst
vor Rechenschaft.
Gehandelt wurde dieser Gegenstand
als antiquarisch.

Der Trödler nahm
      nicht viel dafür.

DUNKLE EINFÄRBUNG

Wir zertrennen das Ganze.
Im Reagenzglas: Azur.
Wir entreißen dem Glanze
die letzte Natur.

Wir besuchen die Sterne
und werden nicht froh.
Wir bemalen die Ferne
mit Indigo.

Wild rasen wir weiter
und tünchen den Turm.
An Jakobs Leiter
hobelt der Sturm.

Es liefert die Brühe,
was der Welthandel nimmt.
Schweiß, Hunger und Mühe,
doch die Farbwertung stimmt.

Die Armut des Färbers
zerbläut uns den Schurz.
Und kurz vor den Wolken
trifft uns der Sturz.

STANDRECHT

Rohöl regnet es tagelang.
Verreckte Gänse schwimmen in den Bächen.
Wer ihrer Augen Flehen sah,
dem wird das eigne brechen.

Geschrei der Millionäre gellt
durch Kliniksäle ohne Ärzte.
Die Magersucht springt aus der Haut,
die sie als Erbschaft schmerzte.

Der Croupier schaufelt blaue Chips,
die Anzugtaschen blutbefleckt.
Satan hat am Roulettetisch sich
als Spielkugel versteckt.

Quellwasser sinkt, und Stumpfsinn leckt
gierig den Giftkelchboden.
Vorm Feuerstoß der Schußwaffe
schützt Leder nicht noch Loden.

Hört nur der Türen Eisenknall!
Es geht auch alles ohne Gott
und gradso gut, schrieb auf ein Blatt
Bonhoeffer in der Todeshaft:

Standhafter Priesterspott.

HOLLÄNDISCHER BLUMENMARKT

In allem Blühen
steckt das Welken.
Manches verwelkte,
ohne je zu blühen.
Man sehe nur
die winterlichen Treibhausnelken –
kaligepudert, starr,
ein Talmiglühen.

X-MAS BLUES

Man muß damit rechnen, daß der Himmel aufgeht
und dort ein Gerechter steht,
der sagt: Weihnachten hin, Weihnachten her,
sagt er:
Was ich vom Krippenstroh an geduldet,
was Ihr an Gerechtigkeit mir schuldet,
wiegt schwer, sagt er.
Keiner kennt
das Alte Testament.
Yeah.

Vom Elend zornig zu reden
macht Euch betreten,
zumal es hauptsächlich ausländisch ist
oder bei dem, den die Neurose frißt,
also alles Außenseiter
leider, leider.
Nur wer will, dem geht es schlecht –
Ihr seid so wunderschön selbstgerecht.
In Allahs Namen
Erdöl und Amen.
Yeah.

Verantwortlich ist nie einer,
der Nürnberger Prozeß war keiner,
falls der Reichstag überhaupt mal brannte
steht fest: van der Lubbe war eine Tante,
mehr ist nicht.
Das wiegt schwer, sagt er,
im gerechten Licht:
den Genossen

bleibt der Himmel verschlossen.
Yeah.

Ihr, sagt er,
wollt vor allem von allem mehr und mehr.
Benzin und Bier, Bier und Benzin,
mal ja, mal nein die Freiheit für Berlin.
Was bleibt da außer Weihnachtsstollen
und abgezuckertem Im-Winkel-Schmollen?
Für Noahs Taube
fehlt Euch der Glaube –
eene meene Ochs und Kuh,
Hallelu..., Hallelu...
Yeah.

Und der Gerechte vom Himmel runter
sagt: Ich denke mitunter,
daß von allen
Geschöpfen am besten die Primaten
abgeschnitten
hinsichtlich der Sitten:
bloßer Hintern, nackte Titten.
Die Kämpfer sind zerstritten.
Auch diesmal findet Ihr, wie schade,
in meinen Auge keine Gnade.
Yeah.

TAIGA-LIED

In Taigabirken sang der Wind
Häftlingen hungrig Freiheitslieder.
Nachtgeister blickten in den Spiegel
moorschwarzer Tundrapfützen.

Von Edelmut und Heldennarben
erzählten Chanten, Mansi und Udeghen
den Kindern Gutenachtgeschichten.
Dann kam der große Riß des Kriegs.

Statt Jagd auf Robbe, Rentier, Bär
gibt es Konservenfleisch in Dosen.
Die Schnarrtrommel aus Seehundfell
wird vom Transistor übertönt.

Man sucht nach Gold und Öl.
Schamanen richten Konten ein.
Das Pflanzengift für Pfeilspitzen
steht im Museumsglas.

Nur Tote packt man manchmal noch
zu Fellpaketen, hängt sie ins Geäst
und läßt den Weißen Wolf sie holen.
Die Bibliothekare wurden arbeitslos

und tragen US-Golfermützen.

HASENSPRUNG

Die Hasenspur im Schnee
ist leicht
von Füchsen zu verfolgen.

Es setzen deshalb
Zibbe oder Bock
mit weitem Sprung ins Nachtlager.

Die Räubernase,
so gefoppt,
schnüffelt vergebens.

Können die Hasen
sich in Luft auflösen?
Wohin verschwanden sie?

Darum verehrt der Fuchs
den Hasen inniglich
und glaubt auch sonst

an Wunder.

LETZTE ANKUNFT

Es zieht ganz leicht ein uns verborgener Faden
das Boot durch Tag und Nacht an einen Strand,
der dunkel liegt und nur als Ahnung,
den niemand sucht, der jeden fand.

Wie immer wir das Ruder ächzen machen,
zum Splittern bringen, an den Winden drehn,
der Faden zieht den Schiffsrumpf vorwärts
durch Wellen, die wir nie mehr wieder sehn.

Verlassne Häfen, Menschen und Erinnerungen
sind Abschiedsbilder, weiter nichts.
Liebe erlischt. Die Kompaßgläser splittern
unter dem Druck des großen Lichts.

Werden es Palmen sein, oder nur Klippen starren?
Mit ihrem Faden zieht die unerklärte Faust
das Leben eines jeden in dieselbe Richtung.
Man hört, wie fern die Brandung braust.

Geheimnis überkappt die letzte Ankunft,
von der vermutet wird: Geheiligt klirrt
der Bug beim Auffahren auf gelbe Kiesel,
wenn es zu Ende ist, nicht mehr gezogen wird.

VERZWEIFELTER RUF

Die schwarze Falte deines Mantels, Welt,
umfängt die Läuse und auch mich,
die Schutz und Wärme suchen.

Die wir in dunkle Spalten kriechen,
gepeitscht vom blutigroten Hoffen,
auch diesen Winter noch zu überleben.

Wer dein Gewand trägt, Welt,
der trägt in ihm auch uns ein Stück des Wegs,
den unsre Blindheit nicht erkennt.

Da gibt es Flickplacken und glatte Flächen,
je nach des Tuches Grobheit oder Seide.
Wo eine Naht läuft, hausen wir.

O bürste uns nicht aus wie Staub,
gewähre uns den Aufenthalt,
die wir dir im Gewebe hängen.

Und schüttelst, Welt, du deine Hülle,
so fallen wir hilflos und nackt
in den Kristall gewordenen Regen,

den unbarmherzigen, den Frost im Gras.

WINTERMORGEN

Die Hausfassade
lässt nur Schwärze sehen;
Dachfirst, Kamin
vorm aufscheinenden Hintergrund
des Nachthimmels,
in dessen kalte Höhen
gähnt Morgenzeit
mit Rosenschlund.

Elektrolicht,
rahmendurchkreuzt,
flammt plötzlich auf
im Fenster viereckgroß.
Dahinter huscht einer vorbei,
der hustet und sich schneuzt –
er hustet sich
den Schlafalp los.

Der Schein über dem Dach
rötet sich heller.
Durchs Leitungsrohr
Schwallwasser rinnt.
Es klirrt in Hast
ein fortgeschobener Frühstücksteller.
Mit Türenklappen, Sohlentrappen
entweicht dem Haus die Nacht:

Der Arbeitstag beginnt.

Extrazeit für Verrückte

HAPPENING NEW YORK

Dreitausend Gäste erschienen
beim New Yorker Happening,
wo man beifallsfrenetisch
Salvador Dali empfing.

Im weißen Anzug stand er –
er spielte großäugig zu gern den Narr.
»Cézanne – *die* Katastrophe!«
schrie er, den Schnurrbart starr.

Und wieder prasselte Beifall,
da wurde dem Spanier klar,
daß keiner der Zuhörer wußte,
wer Cézanne wirklich gewesen war.

KONZERN-REPORT

Das Jahr ist wieder eins reich an Erfolg.
Ich bitte Sie, sich von den Sitzen zu erheben.

Bei 30,5 Prozent steht jetzt die Ausschüttung.
Wir setzen Zeichen für die Weltwirtschaft.

Europas Marktvereinigung kommt uns entgegen.
In Japan nahmen wir den ersten Shogun-Wechselkredit auf.

Im Stahlgeschäft kam es zur Einschrumpfung
                            der Arbeitsplätze.
Die Bücher sind geprüft. Die Aufwandsgelder
                            sind erhöht.

Die neuen Frachtschiffe sind beinahe fertig.
Demnächst befahren unsre Farben alle sieben Meere.

Container-Stützpunkte erwarben wir in vielen Häfen.
Die Sicherheit besorgen gut geschulte Polizisten.

Den Leuten, die vor Ort ein Körperglied oder
                            noch mehr verloren,
ist unser Dank für ihre Mitarbeit gewiß.

In Irland und am Rhein, in Frankreich und der Schweiz
sind unsre Aktiendepots positiv notiert.

Der Vorsitzende ist kürzlich abgestürzt.
Er flog privat. Wir wünschen Friede seiner Flasche.

Da Sie uns selbstverständlich wieder wählen,
erhalten Sie Coupons für eine Kreuzfahrt nach Hawai.

FLUG-KORREKTUR

In China Drachen steigen lassen
ist eine Sache alter Männer.
Sie schicken reispapierne Läppchen
zum Himmel an der Seidenschnur.

Der Adressat waltet da oben.
In Pinselschrift erreichen ihn
fromme Gesuche, die der Wind
dann abreißt – das heißt: Angenommen!

Auch wir, dem Beten fern und ferner,
schafften das Hoffen noch nicht ab.
Wir unterschreiben Petitionen
an diese, jene Parlamentsausschüsse –

wo sie in den Papierkorb fliegen.

RUSSISCHER ANGRIFF

Aus einem Dorf in Weißrußland
schreckte die Meldung auf,
daß dort ein starker Ziegenbock,
der auf der Straße angefahren wurde,
gereizt von dieser Rücksichtslosigkeit
das Auto auf die Hörner nahm.

Das Tier warf sich herum,
sprang auf die Kühlerhaube
und rammte seine Hörner in die Windschutzscheibe.
Der Wagen prallte gegen eine Wand
und wurde völlig ramponiert,
der Fahrer schwer verletzt.

Das hört sich wie ein Omen an.

ÖFFENTLICHE TRAUER

Ich betrauere
eine Weinbergschnecke,
zerschellt am Stein,
weil meine Brüder
mich betrügen.

Ich betrauere
eine weiße Nelke,
zertreten im Sand,
weil meine Schwestern
mich bestehlen.

Sie betrauern
eine fremde Prinzessin,
begraben mit Pomp,
um etwas zu tun,
das wie Ehrlichkeit ist.

MODERN LIFE

Das Volk hält still.
    Es führen uns die Kriminellen
        in ihre schöne Welt.
Alarmsignale singen.
    Fürs Urteilfällen
        ist das Gericht bestellt.

Kein Frommer greift zur Feuerwaffe.
    Triumph grinst
        aus dem Waffenhändler.
Gott wurde Affe
    und Glück Geschäft
        für Schicksalspendler.

Alles ist Geld,
    das neu gedruckt
        den Wert des alten geil verachtet
und verschluckt.
    Die Stricke reißen nicht,
        solang sie halten.

Der Simulator dreht
    die krasse Lüge wahr.
        Was wir nicht glauben, ist die Gegenwart,
Scheck oder bar.
    Besitz ist,
        was die Stärksten rauben.

Reklame blitzt.
    Die Polizisten zücken
        die Waffen stumm.

Sie steh'n zuhauf.
    Stillsein will uns erdrücken.
        Die Käuflichkeit nimmt man in Kauf.

Wer froh sein will,
    den bringt Verbittern
        nur in Gefahr.
Das Internet besetzt die Zeit –
    es grüßt aus Gittern,
        was Freiheit war.

ROTER PUDDING

Es sitzen fett
die Schenkel an den Tischen,
auf deren Tücher Totes
aufgetragen
aus Tellerbergen starrt.
In meinem Bett
riecht es nach faulen Fischen,
und etwas Puddingrotes
will was sagen,
das fremd im Munde knarrt.

Der Wahnsinn gärt.
Die Masse des Erbrochenen
strömt Wärme aus
auf Halden weit
und müllgefüllt.
Wir alle sind vom Lärm versehrt.
Den Jungfräulichen und Durchstochenen
strömt Gas durchs Haus.
Es ist die Zeit,
in der sich Rattenhunger stillt.

Bin ich dir denn
endlich genug
mit meinen Worten,
die rütteln
an dem Fadenschein der Welt?
Kein Aber und kein Wenn
verdeckt Betrug,
gefärbt nach allen Sorten.
Es gibt nichts zu vermitteln.
Was fällt, gefällt.

Man hol mir her
aus Galerienfenstern
die Brennglasschärfe
eines Blicks,
der hoffen macht.
Es tanzen leer
Kostüme von Gespenstern
zur Melodie: Entnerve.
Verknoteten Genicks
ist es nur Wahn,
        der lacht...

IRRTÜMLICHE BESTATTUNG

Nun gehen die Totengräber
nach Leichen suchend über das Land,
in der einen Hand die Aktentasche,
die Schaufel in der anderen Hand.

Sie verbuddeln und versuddeln,
begraben und ebnen ein.
Die gute Erinnerung haben,
für die gibt's keinen Stein.

Sie beerdigen alte Ideen
von einer freundlichen Welt,
in der Gerechtigkeit zu Haus war
und nicht nur Gier nach Geld.

Aus dicken Ledertaschen
zieh'n sie Beweise hervor,
daß Brüderlichkeit nicht sein kann –
so steht's über'm Friedhofstor.

Zu Orgeln und Pop aus dem Fernseh'n
hört man eifrig die Patscherei
der metallenen Schaufelblätter:
Statt Arbeit macht Geld jetzt frei.

Sie sind Besitzer und besitzen,
was einer dem anderen nimmt.
Einen Gegenentwurf darf's nicht geben,
weil sonst ihr Weltbild nicht stimmt.

Ich wage zu bezweifeln,
daß Wahrheit sich verscharren läßt.

Wieviel Erde sie drüber festtreten –
es wird ihr Boden nicht fest.

VERZINSBARE ANLEIHE

Wir liehen ihnen Europas Kultur,
die haben sie scheußlich verwässert.
Das Schlimme haben sie schlimmer gemacht,
am Guten rein gar nichts verbessert.

Vom Lincoln Centre übertragen sie
unsere Opern nie ohne Erklärung,
gesponsert von Damen und Herrn elegant
im Zeichen der Dollarvermehrung.

Sie bügeln uns die Mattscheiben platt
mit heroin-gepuderten Nasen
als Weltpolizisten: Vorm Weißen Haus
dürfen Schwarze Fanfaren blasen.

Ihr Lieblingsstar heißt Dracula
aus transsylvanischem Hinterwaldhausen
und Micky-Mouse. Die Gangster-Heroen
lehren schon Kinder das Schießeisengrausen.

Die Theorien Doktor Freuds aus Wien,
an denen sind sie am Melken.
King Kong als Ego, daneben kann das Id
im Seelengefängnis verwelken.

Ihr Staat der Hoffnung ist verwest.
Miss Freedom hat nichts mehr zu strahlen.
Nun fließt der Shit nach Europa zurück,
und wir dürfen die Zinsen bezahlen.

WERTSCHÄTZUNG GOTTES

Gott zeigt uns eine harte Haut,
die Ketzerfluch und Logikpfeil
schwerlich durchdringen.

Sein Panzerhemd besteht aus Schuppen
und Tempelziegeln grün glasiert
vom Moos der Furcht der Alten.

Auch bilden dunkle Priesterheere
Verkrustungen seiner Gelenke.
Vielgliedrig ist die Gotteskirche.

Dickfellig gegenüber Argumenten
hockt Gott bei Säufern, Gleisnern, Huren
und bei den Geldeinstreichern.

Der Armut Kettenklirren hört er nicht,
denn wer das Eisen wachsen ließ,
der sieht es gern gesegnet.

Ihn abzuschütteln macht viel Mühe
und ihn zu lieben ist Bezahlungssache.
Gott herzustellen kostet nichts –

sein Schätzwert geht in die Billionen.

ERFOLGREICHER DOPPELADLER

Hinrich, der Geflügelzüchter,
wollte einen Adler haben,
einen Adler wollt er haben
nur so zum Vergnügen.

Wollt ihm einen Käfig bauen
mit zwei Stangen, einer Tränke,
wollte ihn mit Abfall füttern
nur so zum Vergnügen.

Hinrich produzierte Hühner
für den Markt voll Tiefkühltruhen.
Werblich brauchte er den Adler
gegen seine Konkurrenten.

Hinrich hielt im Freigehege
Truthähne als Ziergeflügel.
Zwei hatte er durchgefüttert
nur so zum Vergnügen.

Woher aber nimmt man Adler?
Adler sind als seltene Vögel
nicht im Supermarkt zu kriegen
nur so zum Vergnügen.

Also nahm er beide Hähne,
schnürte sie fest aneinander,
daß sie aussahen wie *einer*,
nur so zum Vergnügen.

Beide Truthähne ersetzten
ihm den edlen freien Adler.

Links ein Köpfchen, rechts ein Köpfchen,
das war Hinrichs Wappenvogel –

na denn, viel Vergnügen.

SCHWEIGEN IM LANGHAUS

Im Schilfhaus herrscht das große Schweigen.
Die Frauen flechten Bastbehälter,
die Kinder spielen still zwischen den Stämmen
und auf der Amazonasfläche rudern
Harpunenfischer aufmerksam und ohne Laut.

Trittst du dem Langhaus näher als Fremder,
sind hundert Augen dein Begleiter,
die du nicht siehst im Dämmerdunkel
des vielbeklagten Regenwaldes,
auf den der Himmel Wirbel trommelt.

Man lebt hier schulternah Familie an Familie,
die Frauen nur im Schamschurz und die Kleinen nackt.
Die Farbe ihrer Haut macht sie verschwinden
im Bronzebraun der holzbödigen Tenne,
wo Affenbälge von den Hängematten baumeln.

Und alles schweigt, daß es erschauern läßt –
dein Ruf erwartet lange, lange Antwort.
Beim Volk der Mütter blieben nur die Greise
so mißtrauisch wie gelbe Dschungelvögel,
die durch die nassen Stauden huschen.

Im selben Zwielicht atmet hier und jetzt
die Stammgemeinde, deren Mitglieder wir sind.
Sie übt das auf den Kopf gedrehte Schweigen:
Hinter der überlauten Turbulenz hockt die Gefahr,
die Wahrheit könnte mit dem Tanz beginnen.

Vom Schilfhaus bis zum Wolkenkratzer ist der Weg
wie einer zwischen Aufstieg und Zerfall.

Werden die Räuber mehr als satt,
schreiben sie Hunger auf die Börsentafel,
und Gier wird zu Gesetz wie Drohgesang.

Anstatt mit Bastbehältern trägt der Kran
im Großcontainer reiche Beute fort,
wie kein Harpunenfischer sie jemals ins Netz gesackt.
Die Zuhälter verkaufen über Inserate nackte Frauen,
und Drogenhändler finden Kunden unter Kindern.

Das Schlimmste aber bleibt das Schweigen,
die Schilfhausstille hinterm Großstadtlärm,
in der die spitzen Augen den belauern,
der näher tritt und Fragen stellt.
Denn keiner wagt, mit umgelegter Schlangenhaut

im Lügenregen einen Sonnentanz zu stampfen.

KRAFTPROBE

Mausgroße Flöhe wird es geben
und Krokodile streichholzklein.
Schwalben, an denen Cola-Dosen kleben,
und benzinblau ein Vollmondstein.

Zusammenbrechen werden Häuser, Straßen,
wenn der Marienkäfer brüllt.
Giraffen tragen Elefantennasen,
zu Blut wird Wein ins Meer gefüllt.

Die Schüttelfröste zupfen Sonnen
ins Guckloch der Verwahranstalt.
O Flöhe, Schwaben, Kokosnonnen,
der Wahnsinn hält uns eingespannt –

Gewalt und überall Gewalt.

KAUSALITÄT

Wär da kein Stadtrat,
wär kein Geld da.
Wär da kein Geld,
wär kein Park da.
Wär da kein Park,
wär kein Zaun da.
Wär da kein Zaun,
wär kein Papier da.
Wär da kein Papier,
wär kein Gedicht da.
Wär kein Gedicht da,
wär ich nicht da –

wie das alles
    zusammenhängt!

Brandes & Apsel

Wolfgang Hermann Körner
Der Ägyptenreisende
208 S., vierf. Hardcover
ISBN 3-86099-467-0
Erzählt wird von Höller, einem Stromer mit bürgerlicher Vergangenheit, dessen Bewußtsein von Träumen, Ängsten und dem Wunsch nach einer anderen Identität bestimmt wird. Höller phantasiert eine Reise in die oberägyptische Nekropole Theben und versucht es mit einem neuen *Ich*, das er *Wahrig* nennt. Doch das Szenario ufert in eine Tragödie aus...

Lotte Kramer
Heimweh. Homesick
Zweisprachige deutsch-englische Ausgabe, 152 S., vierf. Pb.
ISBN 3-86099-468-9
Die deutsch-jüdische Lyrikerin Lotte Kramer verarbeitet in ihren Gedichten existentielle Erfahrungen aus der Mainzer Kindheit, der Verfolgung und dem Leben im Exil. Sie schreibt in englischer Sprache. »Die Kraft von Kramers bewegendsten Gedichten liegt ... in ihrem Hinterfragen, ihrer widerhallenden Stille, wodurch der Raum freigegeben wird für Ironie, Mitleid oder Terror.« (*Times Literary Supplement*)

Clas DS Steinmann
Eine ganz falsche rechte Hand
108 Doppel Seiten, vierf. jap. Br.
ISBN 3-86099-452-2
Auf reizvolle Weise wird hier Literatur in ein Gesamtkunstwerk verwoben.

Hasan Dewran
Mit Wildnis im Herzen
Farbillustr. v. Siegfried Schulze
120 S., ISBN 3-86099-464-6
»Sehnsucht bestimmt mir die Wege.« Dewrans Gedichte spiegeln die Sehnsucht nach der Schönheit des Lebens. Doch zugleich begegnet der ostanatolische Poet »mit dem stillen Zorn des Erkennenden« (*Mannheimer Morgen*) der Widersprüchlichkeit des Lebens.

Jürgen Kross
Schattenwurf
96 S., Pb. , ISBN 3-86099-457-3
Gedichte zwischen Irritation und Faszination. Kross, von der Presse »als einer der eigenwilligsten Lyriker der Gegenwart« bezeichnet, fordert ein Publikum, das sich auf eine schwierige, aber außergewöhnliche Lektüre einläßt.

Fritz Deppert/Christian Döring/
Hanne F. Juritz/
Karl Krolow (Hrsg.)
Literarischer März
Leonce-und-Lena Preis
Wolfgang-Weyrauch-Förderpreis
vierf. Pb., jeweils ca. 200 S.
Der Literarische März, »der bedeutendste deutsche Lyrikwettbewerb« (*Frankfurter Allgemeine Zeitung*), bietet alle zwei Jahre einen repräsentativen Einblick in die junge Lyrik unserer Zeit. Mit den Gedichten der Preisträger und der anderen zum Vortrag nach Darmstadt eingeladenen DichterInnen.

Bitte fordern Sie unser Gesamtverzeichnis an:
Brandes & Apsel Verlag, Scheidswaldstr. 33, 60385 D-Frankfurt a. M.
e-mail:brandes-apsel@t-online.de